豊中あぐり 8カ所の菜園

岡町菜園

開始日：2016/4
土地の種類：個人の宅地　　面積：380 m²
▶住宅街の宅地から始まった。ユニバーサル菜園として研修、イベント、野菜作りの勉強会などに利用

原田菜園

開始日：2017/5
土地の種類：空港管理会社　　面積：750 m²
▶米、芋、玉ねぎ等本格的な野菜の栽培

千里ガーデン

開始日：2018/3
土地の種類：
有料老人ホーム
面積：100 m²
▶屋上菜園として入居者とともに栽培、販売を実施

岡町第二菜園

開始日：2019/4
土地の種類：
個人の宅地
面積：250 m²
▶畑としての土づくりからスタート。スイカ、バナナ、キュウリなどの夏野菜の植え付け

庄本あぐり

開始日：2019/4
土地の種類：
施設の屋上
面積：40 m²
▶プランター菜園
ゴーヤ、トマト、ナスなどの夏野菜

加納ファーム

開始日：2019/10
土地の種類：
個人の宅地
面積：140 m²
▶葉物野菜からスタート。メロンや椎茸づくりも

清豊苑果樹園

開始日：2020/10
土地の種類：
老人ホーム
▶シークワーサーなどの柑橘系の果樹園

豊中あぐりパーク

開始日：2021/4
土地の種類：個人の農地　　面積：1000 m²
▶豊中市都市農業振興計画の改定で農地を借用。体験型農業として、レンゲ畑やひまわり迷路など計画

活動いろいろ

あぐり塾

ユニバーサルファーム

ソーメン流し

田植え

餅つき

稲刈り

地産地消

移動販売

れんげ祭り

ひまわり畑

たこあげ

親子体験

子ども食堂

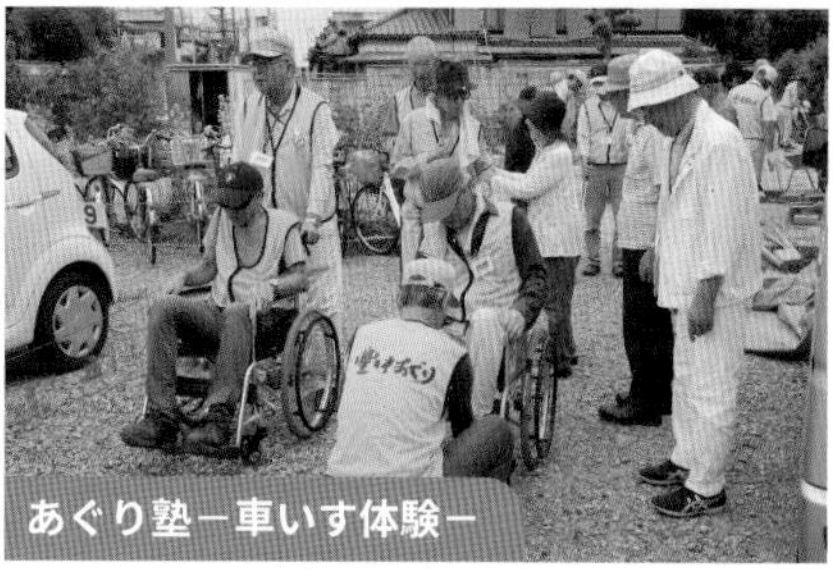
あぐり塾－車いす体験－

稲刈り

豊中あぐりは こんなふうにできました

駐車場

ボランティアで開墾

平成28年4月23日開園オープンセレモニー
開会宣言・看板取り付け・苗植え式

『豊中あぐり』開園です！

畑で育つ シニアの輪

豊中市社協 都市型農園を開設

野菜作り講座17日から

「豊中あぐり」の開園式で、畑にキュウリの苗を植える関係者ら（4月23日、豊中市で）

農業を通じて新たな人と人とのつながりを作ろうと、豊中市社会福祉協議会は、同市岡町南に都市型農園「豊中あぐり」を開設した。団塊世代がすべて75歳以上になる2025年を見据え、体を動かすことで介護予防にもつなげようと、17日から野菜作りを学ぶ講座を始める。関係者は、農園を拠点に、特にシニア男性の社会参加を呼びかけたいと意気込んでいる。（小坂田基）

住宅に囲まれた豊中あぐりは元々、約370平方㍍の空き地だった。所有者の男性が昨年秋、ボランティアによる同社協参事・勝部麗子さんの講演を聴き、「市民活動に役立ててほしい」と同社協に申し出、今年3月に無償で貸し出した。

市内では、同社協を中心に、配食サービスや食事会の開催など様々な活動が行われ、ボランティアが地域福祉の担い手となっている。ただ、参加者のほとんどは女性。「特に中高年の男性はこうした活動に戸惑っているのか、参加が少ない」と勝部さんは言う。

「空き地を中高年の男性が地域活動に参加するきっかけとなるような場所にできないか」と同社協の担当者らが検討。農作業は力仕事も多く、男性にも適している上、野菜の栽培を通じて介護予防にも効果が期待できるのではと考え、農園を開くことにした。

の苗を植えました

豊中あぐりの六次化

ビブス

ラベルデザイン

コロッケ

芋焼酎

ビール

ジャム

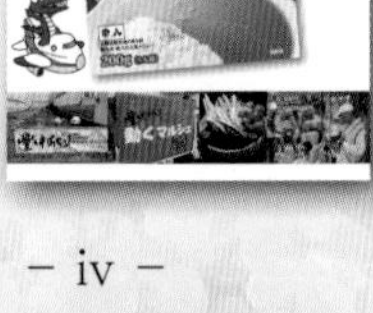

名刺作成

豊中あぐり 開会宣言

人と人のつながりが薄くなった地域社会を結び直すには、世代を超えて男女問わず社会に参加することが求められています。多くの女性たちは福祉活動やボランティア活動を通じて社会参加しているのに比べ、特に高齢男性の地域貢献という名の社会参加はやや遅れがちです。

趣味を活かした文化学習活動や食事会や配食サービスなど、女性を中心にした地域活動に参加することに男性たちは戸惑っているようです。そこでこの「食」を通じたまちづくり活動はできないだろうかと考えました。空き地を畑に変える仕事、農地で食材を生産する仕事、野菜など食材を食事会や食事サービスに提供する仕事なら男性高齢者の生きがいづくりに適しているのはないかとひらめきました。

都会の真ん中にある自然とふれあう癒しの空間、都市型農園の誕生です。人間の営みとして植物を生産する都市型農園は、私たちが失ってしまったコモンズ（共有地、共有空間等）を取り戻す取り組みなのです。

看板の題字は長谷川伸子先生に揮毫いただきました

豊中あぐり 開会宣言

農作業を通じてふれあい、認め合い、支え合う共有空間こそ会社人間だった男たちの解放空間になることでしょう。

　都市型農園は協働作業で耕さなければなりません。農業をアグリカルチャーと言いますが、まさに耕さなければ、人と人との新しい関係を耕さなければ、福祉のまちづくりの拠点にはならないでしょう。私たちは、この都市型農園づくりが少子高齢時代に適合したまちづくりの方法として、市民参加による福祉コミュニティづくりに発展することを願っています。ここに、豊中市における、いや全国に先駆けて、都市型農園づくり運動の発祥の地として永く広く記憶に留まるよう「豊中あぐり」を持続的・発展的に運営することを誓います。

２０１６年４月23日
豊中あぐりプロジェクト運営委員会
委員長　牧里毎治

セーフティネット Safety Net 6

コミュニティソーシャルワーカーの現場

豊中あぐり誕生

～定年後すべての人に居場所と役割を～

●福祉マンガ

「セーフティネット～コミュニティソーシャルワーカーの現場」パート6の発刊にあたって

豊中市社会福祉協議会は平成16年から地域福祉計画の中で制度の狭間の課題を支援する専門家コミュニティソーシャルワーカーを配置してきました。

それにより、従来支援が困難であった、ゴミ屋敷、ひきこもり、ホームレス、アルコール依存等多問題を抱える世帯を公民協働で支えて、個別支援を通じて地域で支える仕組みを生み出すことにより、全国モデルとして紹介いただくようになりました。

この取り組みは、生活困窮者自立支援法や、地域共生社会の理念、重層的支援体制整備事業などにも大きな影響を与え、ソーシャルワーカーモデルとして全国に広がりました。

これらのソーシャルワーカーの取り組みを見える化するために平成24年から5回にわたり発行した福祉漫画はコミュニティソーシャルワーカーや学生、行政、研究者からも反響が続きました。この漫画の絵を描いてくれているのは、個別支援で出会ったひきこもり経験のある若者たちです。彼らはこの作品を通じて人から認められ、社会参加のきっかけにもなりました。

さて、第6作となるこの作品は定年後の男性をテーマにしました。平成28年から豊中市のコミュニティソーシャルワーカーは生活支援コーディネーターも兼務するようになりました。そのなかで、これまでなかなかつながりづくりが難しかった「男性の定年後」をテーマに豊中で都市型農業を通じてつながり、地域の担い手として生きいき活躍が始まります。また、高額の宅地を市民から貸してもらい都市型農業（コモンズ）を通じて共同作業を行っていく支え合いのストーリーは、今後の空き家空き地対策にも必見です。すべての人に居場所と役割をというコンセプトで取り組んでいます。

今回は、この冊子の発刊にあたり、諏訪中央病院名誉院長の鎌田實先生と東京大学大学院総合文化研究科教養学部准教授の斎藤幸平さんにも寄稿いただきました。

この冊子が高齢者の社会参加や介護予防生活支援に地域づくりに役立てれば幸いです。

セーフティネット6 Safety Net
コミュニティソーシャルワーカーの現場
―目次―

これまでの僕は妻がいるおかげで仕事一筋でした
プルルルル
はいっ豊中商事多田です！
そして妻は地域活動に参加していました
こんにちはー
ありがとう
またね
あー
今日も頑張った！
お弁当90食今日もみんな喜んでくれはったね
おつかれー
おつかれさまー
そうね
本当に三宅さんの黒豆やっぱり誰にもまねできないわ
多田さんどないしはったんなんか元気ないけど
別に元気ないことないいんやけど…
なんかあった？

実は…夫が いよいよ 定年なんよ
これからは二人で ゆっくり過ごそう なんて言い出して
イヤッ
？
それは大変
なんで?
へえー
世間では夫の定年が 妻のボランティア 卒業なんて人も いるらしいよ
ほら
買物か? 一緒に行こかー
ぬれ落ち葉 とか
ふん
ふん
産業 廃棄物 だとか
今日も出かけへんの? あ～忙しい
今日は ええわ～
ゴロゴロ
そういえば 中山さん とこの ご主人も
定年して 朝ごはん 食べたら昼は いつや?
ははは
…
昼を食べ てる間に 夜ごはんは 何や 言われて
ほとほと 悩んでたわ
三宅さん 小西さん 脅かさんといて
うちの主人 人付き合いも苦手 やから
もうっ
私がいないと 何もできないし…
そうそう
まあ お宅はそんな ことないわよ
もし心配 やったら
ほら あの

社会福祉協議会のＣＳＷに相談してみたら？
Community social worker
そんな人が多いらしいよ
そうやったらいいんやけど うちの主人人付き合いが苦手で
地域デビューできるか心配で…
それからもうひとつ 私最近物忘れがひどくって…
そんなん みんな同《おんな》じや！
あはははははっ
ありがとう …でも
じゃあねー
おつかれさまー
そんな感じではないのよね…
ただいまー
お父さん あれどこにやったかしら…
お前 それ この間も探してなかったか？
あら…そう？
おいおい大丈夫か？
中商事
多田さんお疲れさまでした
では退職にあたり一言 多田さん
ありがとうございます社長
パチ
パチ
パチ
パチ
パチ
パチ
パチ
パチ

わたくし 入社以来47年 大過なく過ごせ ましたのも 皆様のおかげと 感謝しております
定年した暁には 好きな釣りやゴルフに 時間を使い 苦労をかけた妻と ゆっくり過ごしたいと 考えております
皆さん ありがとう ございます
パチ パチ パチ パチ
先輩 ありがとう ございました
谷口くん ありがとう
こうやって僕の バラ色の定年後は 始まったんですが
毎日毎日 釣りに行き
ゴルフに 行きまくり
三ヶ月たった ころから
お金は使って いても仲間がいない ことに気がつき だしたんです
……

それから
僕はつぎつぎと
地域デビューを
始めました
すみません
あの〜
これは何の
行列ですか
図書館ですよ
あんた新人だね
はい
新人…
もっと早く
来ないと
朝刊読むころに
もう夕刊が
来ちゃいますよ
……
あっ
こんにちは
おたくは
どちらの方
ですか
かわいいですね
……
ここは
会釈ぐらいで
あまり話さない
んです
あ
そうですか…

こんな日が続き
気が付くと何日も
しゃべる相手の
いない日も
ありました
もちろん妻との会話は
ありますが
家にいると
何を話したら
いいのかもわからず…
お父さん
高橋さんのとこの
お祝いやけど…
それ
このあいだ
贈ったやろ
そう？
ぐび
よいしょ♪
ほんで
お祝いを選ぶのに
百貨店へ行こうと
思うのよ
高橋さんの
お祝いは
もう贈ったで
え？
このころから
妻の物忘れは
ますますひどく
なっていました
いつ？
先月
かなぁ
会話もなかなか
成り立たない
…そんな
日々でした

キョロ
キョロ
ここは たくさん 僕と同じような 定年後らしき男性が リュック背負って 歩いているなァ
仲間がいっぱいだ
ぬっ
すいません ここはぼくの 定位置なんで
あ どうぞ
――ってなことで どこへ行っても 孤独な男性ばかりを 見ていたのでした
そんなことを 知ってか知らんでか
コミュニティ ソーシャルワーカーの 服部っていう人が 何やら新しい 取り組みを始めて
僕も参加するようにと 誘ってきたんです
地区会館

皆さん
こんにちは
コミュニティソーシャルワーカーの服部っていいます
このたび
この住宅地にある空き地を持ち主の方から無償でお借りすることができました
そこで
定年退職後の男性の皆さんを対象にした
農園を作りたいと考えています
ざわ
なんで？農園って
ここの土地いくらするのか知ってはります？
トンッ
一坪100万円
こんなところで野菜作りだなんて何を考えているんですか
地価が下がったらどうしてくれますか？

虫が増えたり臭いがしたりでもすれば
高級住宅街が台無しです
閑静な街に不特定多数の人が来られてもねぇ
交通量増えても大変ですし
今日本が先進国で最も社会的孤立していることをご存じですか
…
大臣
5%
15.3%
家族以外の話し相手がいない人の割合が15・3%で断トツ一位です
イギリスでは5%になったところで孤独担当大臣ができたほどなんです
そんなの自業自得でしょ
働きながら自治会長しているひとだってたくさんいるし
一人になりたい人だっているでしょ
第一、孤独の何が悪いのん
それと農業とは関係ありませんよね

がやがや
がやがや
……
皆さん少しゆっくり話を聞いてみましょう
ピタ…
ありがとうございます
今は家族がとても小さくなっています
皆さんのところで三世代同居のお宅はありますか？
核家族化が進み高齢者のみの世帯は三人に一人が単身世帯
肩が痛い…
電球交換ができなかったり
大型ごみも出せない人がたくさんいる
重い…
不用
そのために近所付き合いしておけばいいんよ
それが何なんですか
その通りなんですが自治会自体を解散されるところも多く
ちょっとしたことを助け合うことができないんです
ここで
世界で最も孤立している日本の
その中でもさらに孤立している定年後の男性の
つながりづくりの場をつくりたい

野菜作りと地域づくり
そしてその担い手づくりの講座を行いたいんです
地域づくりはいいけどなんで野菜？
花のほうがきれいですし
これまで男性の社会参加の場づくりは
何度も日本中で挑戦していますがなかなか成功していないのが現状です
食事会をしたら食べてみんなすぐ帰ってしまう
ごちそーさん
わい
わい
ぐっ
サロンを開いても女性が多いと男性は引っ込み思案になる
…
あはは
はは
はは
ある
ある
麻雀やカラオケいろいろ提案しますがすべて女性に乗っ取られる
ツモ！
キャッ
キャッ
しゃあないよなあ？
まあ…

皆さんは日本の高度経済成長を支えてきました
しかも多くは地方出身
農業は懐かしいのではないでしょうか
そこで
野菜を作るなら毎日足を運ぶ
作業をしながら会話ができる
おはよう
今日もいい天気やね
カバーかけよか
成果物がある
そしてできた野菜を地域の子ども食堂などに配って喜んでもらう…
いっぱい食べてな
はーい
わぁ
わぁ
農業だなんて
農業をなめたらあかんよ…
ふう
どうか皆さん一度やらせてください
問題があればすぐご連絡をください
がや
がや
そやけど
がや
ほんまになあ
しかし服部さんは

これらの問題点をひとつずつクリアして
あっという間に農園づくりが始まりました
豊中あぐり農園
さあ皆さん宅地の開墾ですよろしくお願いします
まずは溝掃除から…ご近所の人に喜んでいただける農地にしましょう
豊中あぐりオープンです!
エイエイオー!
そんなわけで僕も服部さんにチラシをもらい
豊中あぐりってところに参加し始めたのでした
オー
さらにこのころ妻の認知症も随分と進みはじめていました
こんなところにリモコンが入っていたぞ
?
あら修理してくださるの?

あるときには介護保険の申請で服部さんに相談することもありました
妻が嫌がって…
いい考えがありますよ
多田さんの奥さん
ケアマネージャーの新人さんが認定調査の勉強に来たいらしいいんだけど
協力してくれませんか?
いいよ
彼女は福祉を目指す人のためなら
嫌な顔をせず協力してくださるんです
こそっ
できた これでいい?
はい バッチリです
ありがとうございます
何かあったら また言ってね

ザク
クッ
この土地に何を植えたいですか
皆さんのご意見で決めていきます
僕はなすびがいいです
僕はキュウリがいいかと
やっぱりカボチャ
じゃあ
みんなで話し合ってください
………
………

あの
提案があります
一人50センチずつ土地を分けてもらえますか
それぞれに競争させたほうが生産性も高まるので
おおっ
皆さん
ここは地域共生を目指す農園です
地域競争ではありません
豊中あぐ
あちゃ～
では
ポーンッ
皆さんの意見を取り入れて
一畝ずつにいろんな野菜を植えましょう

ザク
ポト
ポト
ぎゅ
ぎゅ
さて 水やり当番はどうしますか 皆さん
持ち帰って検討しますっ
持ち帰っているうちに野菜は枯れてしまいますよ
地域の皆さんの協同で成り立った農園です
ご協力を
…まぁ月曜だけなら大丈夫やな
私は水曜日
そしたら
あとの日は僕が妻と一緒に水やりしますわ

…とまあ なかなか話の 決まらないまま あぐりの皆さんに
そうめん流しを してもらうことに して―――
竹を切ってこようか
俺は退職前から 竹レンジャーの ボランティア してたんや
そしたら そうめんゆがきの レシピ作るわ
元職が建築事務所 なので…
図面作って きますわ 設計図 CAD《キャド》で
車出しましょか
こう見えて 教習所で 働いていました
買い出しして きましょうか
わたし毎日 食事作っている から…家内が 先立ってねぇ
―――だんだん 力を寄せ合える ようになった なぁ

トン
服部さん
妻の髪がボサボサで散髪に行かないんです
どうしたら…
いい考えがあります
散髪ボランティアの人が練習したいらしいんです
私と一緒に練習台になってくれませんか？
うんわかった
それからもうひとつ
……あの……
どうしました？
買い物に困ってるんです…女性用の下着…
ぐっ
お安いご用です
ピピピッ
ピピッ

田植え
稲刈り
サツマイモの苗植え
そして作られた野菜は移動販売もされるようになりました
動くマルシェ
しかしこのメンバーがいちばん力を発揮したのが
ゴゴゴゴゴ…
おはよー
2018年6月大阪北部地震の時でした
ガタガタ
ガチャン
うわ揺れてる!
ガガガガ

豊中では地震直後から民生委員や福祉委員が見守り活動を始めました
大丈夫でしたか
マンションのエレベーター止まってるね
大丈夫ですありがとうでもタンスが倒れてしまって
地震大丈夫でしたか
ご心配ありがとうでも壁が割れてしまった
大丈夫ですか
瓦が落ちたと言われて困っています
大丈夫でしたか
ラジオが壊れてしまい情報が入りません
そこに災害ボランティアとして立ち上がったのが豊中あぐりの男性たちでした

せーのーでっ
ありがとう 気をつけてね
左官は得意やねん
助かります
元電機メーカーやで 任せとき
ありがとう
ヴゥウウウ
パシャ
パシャ
写真撮って屋根見よか
ありがとね
震災を経て僕たちすっかり地域の担い手として活躍していますねえ
こないだ医者に行ったら血糖値が下がってきたって言われましてね
あ 俺も
ボクもや
ざわ
ざわ
それからしばらくして
豊中あぐり 収穫祭
ざわ
ざわ
豊中あぐりで育てたサツマイモを使ってイモ焼酎ができたのでした

豊けあぐり収穫祭
それではただいまより収穫祭を開催します
入江
パチパチ
乾杯の音頭は自治会長さんにお願いします
当初 宅地で農業と言われて一体何をと感じましたが
会長
地価が下がるって誰が言ってましたたっけ
ぼく違うで
豊けあぐり収穫祭
野菜といいボランティアといい防災拠点にもなり なにも申し分ありません
皆さん本当にありがとうございます
かんぱーい!
カンパーイ!
くいっ
かんぱーい
あぐり焼酎うまいなぁ…
まさか宅地でできたとは思えん焼酎や
血糖値が300から100まで下がって あぐりのおかげでお酒も飲めるわ
生田
チュン
チュン
くい
お米もサイコー
ちょっと雀に分けすぎたけどなぁ
わははは
今日の料理のお味はいかがですか
うまいで!
ありがとう
佐藤
山田

家内が亡くなってから一人きりの食事やったけど
ここに来たらにぎやかでいいわほんまに感謝ですわ
収穫
わい
わい
わい
かんぱい!
写真とろう!
ははは
わい
おーっ
わい
多田さんどうかしましたか怖い顔して…
思い出していました服部さんはなんでこんなことに僕を誘うのか…最初はそう思っていたなって
野菜もボランティアも全く関心なんかなかった
でも気付いたんですなぜ僕がここに入ったのかを
ボランティアの先輩である妻がきっとまだしっかりしてた頃に
人付き合いの苦手な僕のことを心配して服部さんに託していたのではないかと

孤独な介護を
みんなと一緒にいるから孤立することなく過ごせているということを…
きっとすべて妻の差し金ですわ…
そうちゃいますか服部さん
服部さん
うちの主人私がいないと何もできないの
人付き合いも苦手でね
でも私はいつまで元気でいられるかわからない
物忘れもひどくなったし
だから服部さんお願いします——
うん
多田さんの奥さんはボランティアでたくさんの男性介護者を見てこられました
きっと孤独な介護はつらいことも

わいわい
がやがや
ここには奥さんを早くなくしたり
大きな病気がきっかけだったり
そうやねん
かんぱいしよ
うまい!
おーっ
わははは
単身赴任で一人で生活していたり
定年後の仲間がいなかったり…
様々な人が集いました
河合
そうして野菜と一緒につながりも育ちました
ひきつづき
会社社会から地域社会で新しい生き方を作っていきましょう
多田さん
奥さんの思いを受け止めてくださってありがとう
多田

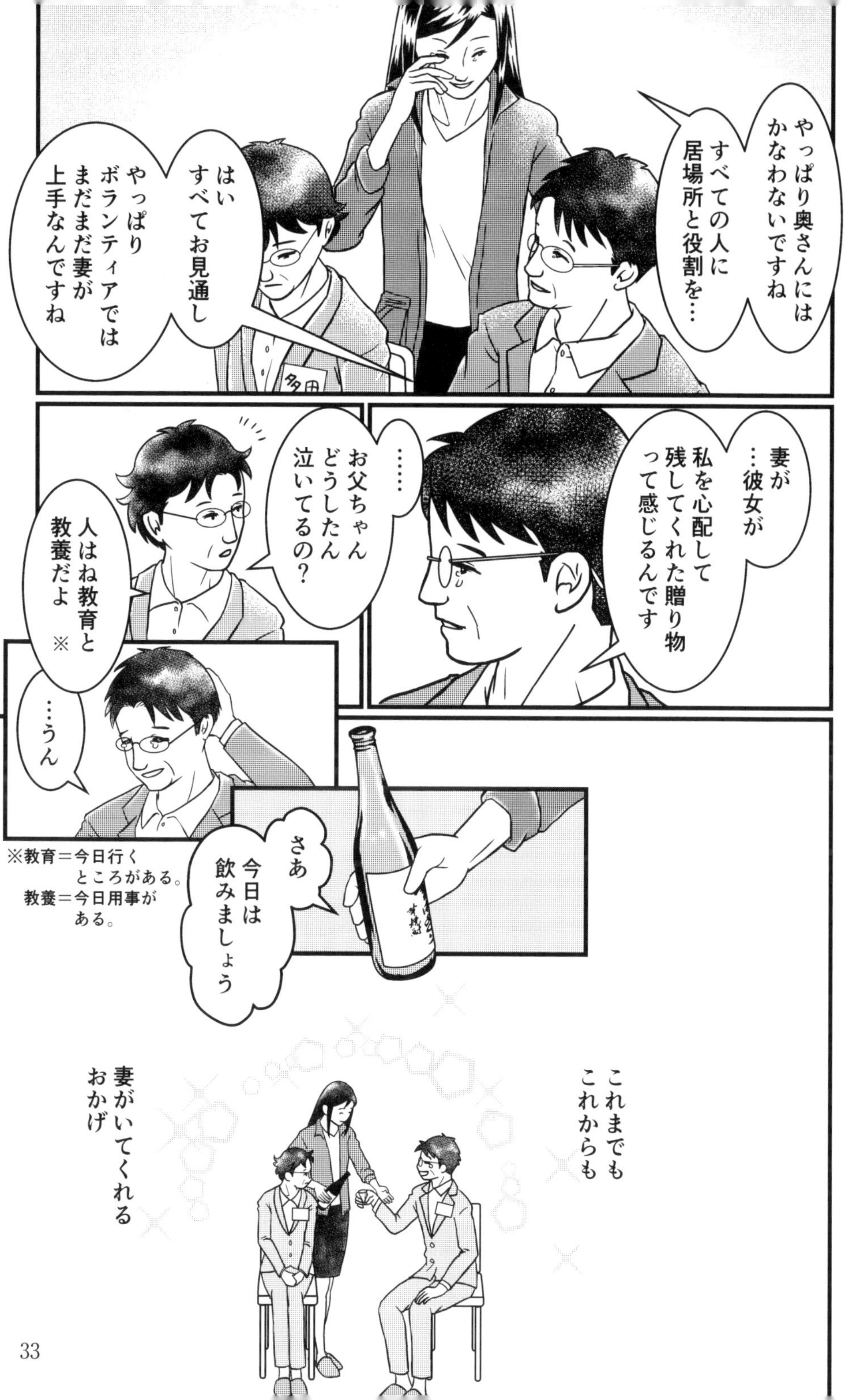
やっぱり奥さんには
かなわないですね
すべての人に
居場所と役割を…
はい
すべてお見通し
やっぱり
ボランティアでは
まだまだ妻が
上手なんですね
多田
妻が
…彼女が
私を心配して
残してくれた贈り物
って感じるんです
……
お父ちゃん
どうしたん
泣いてるの？
人はね教育と
教養だよ ※
…うん
さあ
今日は
飲みましょう
※教育＝今日行くところがある。
教養＝今日用事がある。
これまでも
これからも
妻がいてくれる
おかげ

セーフティネット～CSWの現場
豊中あぐり誕生～定年後 すべての人に居場所と役割を～
事例のポイント

福祉マンガ「セーフティネット～CSWの現場」を読んで、主人公はどのような意図で行動しているのかをまとめてみました。

コミュニティソーシャルワーカーは地域のつながりを再構築して、SOSを発見できる街をつくっていきます。地域課題の中で最も大きな課題の一つが高齢化です。

高齢者が弱ってから支えるのではなく、支援から社会参加へと発想を大きくチェンジしました。2016（平成28）年生活支援コーディネーターが配置され、豊中市社会福祉協議会ではコミュニティソーシャルワーカーと兼任することとなりました。そこで、介護者が弱ってから支えられるのではなく、健康寿命を延ばす介護予防へと考え方を転換しました。

高齢者の介護予防や生活支援を本格的にスタートすることになり、そこで考えたことが地域共生を進めていくための次の4つ視点です。

Point ❶
誰ひとり取り残さない

SOSを出せない人をどのように早期に発見していくのか、どうアプローチしていくのかという視点。本当に困っている人たちの中にはSOSを出せない人たちがたくさんいます。また、福祉サービスが措置から契約になり、

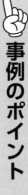

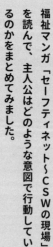

契約を拒否する人やＳＯＳを出せない人を発見する地域づくりが必要です。小地域での民生委員や校区福祉委員会などによる支え合う組織づくりの構築に加え、今後はマンションなど自治会をつくらない人たちへのアプローチ、また、自治会に入っていない人たちへ見守りを行うために見守りローラー作戦。電気ガス水道、宅食事業者、新聞配達などのさまざまな事業所による見守りネットワークの構築など、多様な手法で一人も取りこぼさない取り組みが求められます。

Point 2

排除から包摂へ

地域で「困った人」と見られている人は、実は「困っている問題」を抱えている場合が多い。ゴミ屋敷や認知症などの問題行動や不安な思いで、近隣に見せる行動は問題行動と映る場合も多い。これらの課題に寄り添い、その人の困っている問題にフォーカスすることで、地域住民が本人のことを知り、本人を排除ではなく、包摂していくという視点が生まれます。

具体的には、住み慣れた地域で本人をサポートしながら、どうやって支え続けていけるのかを伴走していく視点。

Point 3

支えられていた人が支える人に

地域のすべての人は、支える人にも支えられる人にもなれるということが

皆さんは日本の高度経済成長を支えてきました
しかも多くは地方出身
農業は懐かしいのではないでしょうか
そこで

大切であるという視点。認知症の人が昔の話を教えてくれたり、コロナ禍でマスクが不足していた際にも知恵と工夫でさまざまな手作り品をつくってくれたり、車いす生活の人が戦争体験を語ってくれたり、お仕事の経験を地域ボランティアで発揮してくれたり、高齢者は単に支えられるだけでなく多くの知恵や経験が社会にもっと還元されるべきだと考えました。

介護のサポートを受けながら、ご自身の経験が地域に生かせていけるという視点。

Point 4 すべての人に居場所と役割を

これまでの制度に当てはめる福祉を超えて、すべての人に安心できる社会参加の場があることで、自分の特技や力が発揮できるようになることが重要という視点。認知症の人が自身の経験を存分に発揮できるオレンジカフェがあり、一人暮らしの高齢者同士が支えあうサロンがあり、元気な高齢者は安心サポーターとして生活支援や福祉便利屋さんとして電球交換や大型ごみの搬出を地域の人たちのために実施する。特技のある高齢者は、介護予防お助けバンクに登録し、講師として力を発揮する。特に定年後の男性は、生産性と役割と社会貢献がセットになることによって元気になる姿をたくさん見てきました。

すべての人に居場所と役割を！「高齢者には教育と教養が大切」と漫画の中でも多田さんが語ります。教育＝今日行くところがある（居場所）、教養＝今日用事がある（役割）。この取り組みは高齢者支援のみならず地域共生社会実現の大切なポイントだと考えています。

あぐり以外の豊中の介護予防活動いろいろ（P.58 ～ 60 参照）

ぐんぐん元気塾	小学校区毎に住民主体の健康体操（週1回）
福祉と便利屋	高齢者のちょっとした困りごと支援 200円/15分
とよなか地域支え合いポイント事業	65歳以上の人がボランティア活動を行うことでポイントが貯まり活動支援金と交換できます
介護予防講座	介護予防講座で特技を生かし講師として活躍します
安心サポーター	所定の講座を修了したささえあいのサポーターとして活動していただきます 200円/15分
福祉お針箱	ズボンのすそあげ等の針仕事を行い高齢者の支援を行います
道端の駅	高齢者の手作り品を「道端の駅」で販売します
内職広場	集まっておしゃべりしながら内職します

宅地を使って都市型農園を　豊中あぐりの誕生

～定年後の男性の居場所づくり～

豊中市社会福祉協議会●勝部麗子

いよいよ、団塊の世代のほとんどが二度目の退職時期を迎え「定年後の男性の孤立」が地域の課題になってきました。住民同士のかかわりが希薄になるなかで、地域における孤立を防ぐために何ができるのか。そうした定年後の男性の居場所や社会参加のために始めたのが、「豊中あぐり」です。都市型農園を拠点に人と人とがつながり、ふれあい、認め合い、支え合う共有空間（コモンズ）を創造することで、社会参加を促進し、地域福祉の担い手づくりを目指す取り組みです。

高齢男性を対象に、①菜園での農作業　②ボランティア養成に向けた地域福祉に関する講座の開催　③収穫体験　④地産地消のイベントなど、多様な活動に取り組んでいます。さらには、田おこしから稲づくりに挑み、収穫したジャガイモと玉ねぎは「豊中あぐりコロッケ」に、サツマイモは焼酎に、農業の六次化にも挑戦しています。

農作業を楽しむだけでなく、収穫した農作物の販売やこども食堂への食材提供、移動販売や小学校や福祉施設への野菜づくりの指導など、さらに、大阪北部地震では家財整理の担い手として大いに活躍しました。また、地域への感謝の集いとして、そうめん流しや、お餅つき大会なども開催、地域住民との交流も生まれ、盛り上がりを見せています。

豊中あぐりの主体

豊中あぐりの実施主体は、豊中市社会福祉協議会ですが、組織内に豊中あぐりプロジェクト運営委員会を設置しています。運営委員には、この取り組みを推進していくために学識経験者に加え、当事者である老人クラブなどの高齢者団体、活動する土地周辺の地区の民生委員、校区福祉委員会の会長、地元住民代表などのボランティア、環境関連のＮＰＯ、販売や商品化を見越した小売商業団体連合会、活動者の代表などが参画しています。

運営委員会では、地域住民への説明や、土づくり、定年した男性たちへの呼びかけ、収穫物の販売や商品化、予算管理などさまざまな取り組みについて話し合い、方針を決めていきます。

運営委員会のもと、実際に活動に参加している会員で構成される実行委員会が毎月１回開催されています。実行委員会では、運営委員会で決定された方針に従い、①毎日の水やり当番　②活動日の作業内容　③行事の準備　④菜園の管理など方針を具体化しています。

運営体制

主催
豊中市社会福祉協議会

↓

豊中あぐりプロジェクト運営委員会
（役員会）
老人クラブ　コミュニティカレッジ　消費者協会
小売商業団体連合会　当該地区福祉委員会（原田）
地元民生委員会　竹炭塾　団塊塾とよなか

↓

実行委員会
豊中あぐり会員
（豊中市在住の60歳以上の男性
個人・団体・サポーター会員）
毎月第一火曜日　実行委員会
毎週一回各菜園での共同作業日

	令和5年4月現在「豊中あぐり」は8ヶ所で活動			
1	岡町菜園 2016/4	個人の宅地	380㎡	ユニバーサル菜園として研修、イベント、野菜作りの勉強会などに利用
2	原田菜園 2017/5	空港管理会社	750㎡	米、芋、玉ねぎ等本格的な野菜の栽培
3	千里ガーデン 2018/3	有料老人ホーム	100㎡	屋上菜園として入居者とともに栽培、販売を実施
4	岡町第二菜園 2019/4	個人の宅地	250㎡	畑としての土ずくりからスタート。西瓜、キュウリなどの夏野菜の植え付け
5	庄本あぐり 2019/4	施設の屋上	40㎡	プランター菜園 ゴーヤ、トマト、ナスなどの夏野菜
6	加納ファーム 2019/10	個人の宅地	140㎡	葉物野菜からスタート
7	清豊苑果樹園 2020/10	老人ホーム		シークワーサーなどの柑橘系の果樹園
8	豊中あぐりパーク 2021/4	個人の農地	1,000㎡	豊中市都市農業振興計画の改定で農地を借用 体験型農業として、レンゲ畑やひまわり迷路など計画

6

OECDで一番孤独な日本の男性

大阪豊中市は、市域のほとんどを宅地が占め、農地はわずかしか残っていません。農業を営む人もごくわずかです。２０１６年「地域のために役立ててほしい」との思いのある方から市社会福祉協議会に土地を提供いただき、その土地を男性の社会参加の場にする取り組みを始めました。農業（アグリカルチャー）を共同で行う「都市型農園」という意味から「豊中あぐり」という名前を付けました。

豊中にも個人の方が楽しむ市民農園はありましたが、ここでは共同ファーム（コモンズ）という形態にこだわりました。みんなで耕して、みんなで収穫しながら、そこに集える、関われる。人と人とのつながりをつくることを目的とした新しい形の農園です。

地域住民への説明会ではさまざまな意見が出ました。それらに対し一つひとつ丁寧に解決策を考えました。たとえば、においのある肥料は避けることにし、参加者はユニフォームを着用し、名刺を持つ。さらに自動車での出入りはしないなど地域の皆さんと約束事を決めて、スタートしました。人とつながる機会がなかなかない。また、その場所に行くのは自分のためで他者との関わりがありません。誰かのために行く、そこに自分の意見があって他者から期待されているというわけではありません。動機の上でもたった一人なのです。

世界の先進国21か国が加盟するＯＥＣＤ（経済協力開発機構）の２００５年の調査によると家族以外の友人知人等、人との付き合いをほとんどしない人の割合は、日本は15・３パーセントで、21か国中最も高い数字を表しています。

世界一孤独な日本の中で、最も孤立しているといわれているのが、中高年の男性ですから、「日本の中高年男性は、世界一孤独」なのかもしれません。

そう思っていたなかで、一つの出会いがありました。原発事故をきっかけに福島県から豊中市に避難してこられたＡさんです。長い間、農業に携わっていたＡさんは、豊中市に来てからもずっと野菜づくりがしたいと思っておられました。でも豊中市には、借りられる田んぼも農地もなく、仕方がないので毎

日アスファルトのわきのわずかな雑草を抜いて過ごしていたといいます。「Aさんになんとか畑ができる土地を一時的に融通していただけないか」。私は、市役所に相談をもち掛け、農業委員会が事情を考慮・調整し、ある農家のご好意をいただき農地の一部を貸していただけることになりました。Aさんはとても元気になられました。この時、農業のもつ力や大切さに気づかされたのです。東北の被災地でも、仮設住宅の横に共同ファームをつくってみんなが一緒に土いじりをすると高齢者がすごく元気になっていかれたとうかがいました。

一般的なサロンと違い、農業には土いじり、種まき、雑草取り、収穫などやる作業がたくさんあります。そのことを通じて、会話をしたり、つながっていくといった可能性が、どんどん開けていくのです。一緒に畑をすることで、元気になれるならば、都会の人のために畑で何かやってみたい。そう思うようになったのです。

定年後の男性の地域デビュー

これまでの地域活動の担い手の多くは、女性、特に専業主婦の方でした。PTAや地域活動を担い、社会参加社会活動をすることにおいては、いろいろなネットワークをもっています。

他方、男性、特にずっとサラリーマンとして働いていた方はほとんど地域とのつながりのないまま定年を迎えます。退職してすぐに「地域活動にデビューしましょう」といってもハードルが高い。そこで、豊中でも、マージャンサロン、カラオケ、食事会などいろいろなメニューを考案しましたが、男性が居心地よく居場所にできるような社会参加の場はなかなかつくり出せませんでした。

「豊中あぐり」は、そんな男性のための居場所、社会参加の場としてスタートしました。現在150名が会員となっています。

豊中あぐりの会員には、市民農園や自宅のプランターでの野菜づくりの経験者が多くいます。ですが、一人でつくる野菜は、相談相手がいなくて、うまくいかなかったそうです。豊中あぐりには仲間がいます。収穫も喜び合える仲間がいるのです。

地域活動は、自分ができることをもち寄るという活動です。指示を待ち、言われたことをやるのではなく、自分たちで動き出していかなければなりません。企業での働き方とは異なります。多くの時間を企業で働くことに費やしてきた男性たちにとって（男女雇用機会均等法以降の女性においても）地域活動は未知の世界です。しかし、そうした戸惑いを経て、企業での働き方と地域での活動との違いに気づき、共同作業を通して仲間と出会い、自分たちで変わっていくということはとても貴重ではないかと思います。

最初のころ、男性たちは、どれだけたくさんのキュウリがとれるか、といった「効率性」について議論していました。「畑を50センチ幅ずつに区分けして個人で管理させて競争させたほうが、生産性が高まる」という意見も出ました。しかし、それでは共同作業にならず仲間づくりにもつながりません。企業の「競争原理」で生きてきた男性たちはなかなか「共

７月収穫祭

ソーメン流し

生論理」になじめずにいました。そこで、共同をどうしたら実現できるかと考えて、みんなでつくった野菜を一緒に食べる「収穫祭」で「そうめん流し」を行うことを提案しました。「実施方法を皆さんで考えてください」と言い、あとは参加者で考えていただきました。すると、そうめん流しの竹の図面を書いてくれる人、竹を切ってきてくれる人、竹を組んでくれる人、そうめんの湯がき方を奥さんや地域の料理上手なボランティアに聞きに行く人などそれぞれが得意分野を発揮し、見事なチームワークで大成功に終わりました。お互いのことを知り合う中で、120人がそれぞれの個性を生かしたチームとして助け合うようになっていきました。健康の面でも、血圧や血糖値が改善したり、足腰が強くなった、ストレスが減ったという声が出ています。専門家に協力してもらい、毎日外出する回数が増えて、人としゃべる回数も増えて、どのくらい元気になるか科学的なデータもとり、大きな効果がありました。

広がるあぐり

① 豊中あぐり岡町菜園

豊中あぐり岡町菜園のきっかけは、豊中市社会福祉協議会のこれまでの取り組みを知った土地のもち主から「地域福祉のために自分の土地を使ってほしい」と申し出があったことです。2015年のことでした。この350平方メートルの土地は、阪急岡町駅から徒歩5分という好立地から地価も高く、また閑静な住宅街に位置しています。そんな閑静な住宅街の真ん中にできた初めての菜園。地元への説明会では、市民農園との違いを説明しましたが、においが臭い、不特定多数の人が出入りすることへの不安、雨の日の土の流出など、さまざまな意見がありました。

そこで、近隣の心配に一つずつ対応し、都市のスタイリッシュでおしゃれな菜園を目指しました。菜園を農園と道路の間には木製の柵（ラティス）を設置し、臭いの対策には臭いのある肥料などは使わないようにしました。

この共同空間が、農園の周辺に暮らす人々と参加者をつなぐ場所になってほしいという思いから、年末には「感謝の集い」（餅つき）を実施しました。大勢の近所の皆さんに参加いただき、今ではあぐりの野菜直売を地域のみなさんが心待ちにしてくれる姿があります。

②豊中あぐり原田菜園

岡町菜園の成功を受けて2か所目の場所として生まれた原田菜園は、伊丹空港の管理会社がもっていた空き地を豊中市を通じて豊中市社会福祉協議会が無償で借りたものでした。

この土地は、空港と近接する土地で、周辺は工場や倉庫などが立ち並んでいますが、以前は農地だったことから、ここを耕し、稲作とサツマイモづくりに挑戦。８０００平方メートルと広大なため、水については水利組合に申し入れ、水路からポンプアップして使わせていただくとになりました。

長らく空き地であったために、耕すことが大変でしたが、廃品の耕運機を譲り受けたり、近所の農業をやめた方から、道具をいただき、土づくりをしました。田植え、稲刈り、そして稲わらでつくったラ

ンドマークのかかしは「インスタ映えする」と写真の撮影スポットにもなりました。飛行機とかかしが一枚の写真に納まっている写真はなかなか面白いでき栄えとなっています。道具用の小屋をつくったり、休憩用のベンチをつくったりと農業以外の共同作業も楽しみました。さらに収穫したサツマイモを福岡の造り酒屋に預け、芋焼酎までつくってしまいました。4年目に向けてさらなる期待が高まっています。

③豊中あぐり千里菜園

千里菜園は、千里中央にある「ライフ&シニア千里中央」という有料老人ホームの4階部分にある100平方メートルの緑化スペースを活用しています。以前は野菜を得意とした施設職員がいたことからスイカなどをつくたこともあったそうです。市内の人々が集まり、地域の情報を共有する、「地域福祉ネットワーク会議」で豊中あぐりの取り組みを知り、有料老人ホームが活用を申し出てくださったことがきっかけとなりました。

豊中あぐりにとって初めての屋上庭園。しかもタワーマンションに囲まれるという、見事なロケーションです。また、有料老人ホームの建物の中を通って菜園に行くことができることから、施設利用者と地域住民との新たな出会いの場となっています。

地域住民との新たなコミュニケーションの機会が育まれることも期待される、新たな出会いの場となっています。野菜をホームで販売することで利用者の手作り料理が始まり、老人ホームの利用者と屋上菜園に通う人々で新たな交流が生まれつつあります。

ついに8か所目の土地も

その後、民間の土地を2か所、老人ホームの畑を1か所は果樹園としてシークワーサーを植え、クラフトビールづくりも行いました。このようにあぐりへの地域の協力が広がり会員も150名になりました。

そして、コロナが始まった2020年の3月に初めて農地に1000平方メートルの畑をお借りすることができました。

これは、豊中市の農業振興基本計画の中で市民団体に土地を貸すことができるという方針が出たことでお借りできたものでした。ここではこれまでの野菜づくりだけでなく、畑を使ったつながりづくりをイメージしてあぐりパークと名づけ、外国人や子ども食堂の子どもたちや認知症の高齢者などさまざまな人たちが交流できる「あぐりパーク」として、野菜収穫に加えて、れんげ祭り、ひまわり迷路、案山子コンテストに凧揚げ大会とコロナで地域交流が難しくなったなかで、屋外での交流拠点として大いに活動が広がりました。

うちの空き家も使ってください

豊中あぐりの近くの家も使ってくださいと100坪のお家をお借りして、あぐり+（プラス）和居輪居と名づけ、コーヒーの淹れ方講座やスマホ講座、子ども食堂に認知症のオレンジカフェなど野菜づくりだけでない男性の居場所づくりにも挑戦しています。特に、あぐりの会員の家族介護について話し合う「オレンジカフェわいわい」では、家事ができない、介護ができない、弱音がはけない男性の交流の場としてつながりを実感する場所となっています。

これからの豊中あぐり

定年後の男性の居場所づくりとして始めた豊中あぐりの活動も7年目を迎えました。都市農業を守るためにも宅地を駐車場にするのではなく、地域の共有空間に変えることで、地域のつながりづくりと、男性の地域参加に大きな可能性が見えてきました。しかも、2018年の大阪北部地震では、災害支援ボランティアとして家財整理や災害ごみの搬出などの場面でも男性たちは大活躍しました。このように豊中あぐりで生まれた男性たちに対して、都市緑化や食育との関連で地域からの期待や役割が次々に生まれています。

そもそもなぜ、男性たちはつながれなかったのかを考えるようになりました。

豊中あぐりに集まる定年退職後の男性たちは、多くが団塊の世代とその前後の世代です。昭和30年代から40年代に社会人となり、日本の高度経済成長をサラリーマンとして支えた人がほとんどです。こうした世代の男性たちの大多数には、豊中とは違うもともとの故郷があります。つまり生まれ育ったコミュニティのある故郷から出てきて大都市大阪の企業に勤めるようになり、たまたま豊中に家を構えた人なのです。ふるさとに親を残して一生懸命働いてきたのです。女性たちは子どもの学校の保護者会や地域活動に参加することが多かったのですが、男性たちは地域でのつながりをつくる余裕はありませんん。さらに大企業サラリーマンなどは転勤がありま す。転勤族の多い豊中。転勤により地域とのつながりを断ち切られてしまい、いわば男性たちにとってのコミュニティは会社の中だけであったと思われます。しかし定年によりその会社コミュニティさえからも切り離されてしまいます。都市部の定年後の男性は定年後に新たなコミュニティをつくっていくということになります。

こうした背景に気づいた私たちは、次の活動の目標に「50代の男性の社会参加」を考え始めています。定年前の「あぐりジュニア」への取り組みです。この世代は男女雇用機会均等法世代の女性も男性同様会社人間も多いことから、男女いずれも定年退職後65歳になってから初めて地域とのつながりをつくるのではなく、現役のうちから月一回からでもいいから、地域活動に参加してもらえるような仕組みづくりが必要だと考え「ワンデイあぐり」もスタートしました。

コロナ禍でも続けることができた豊中あぐり、これからの男性をつなぐ拠点として次々とチャレンジしていきたいと考えています。

ストレスに弱い中高年男性

医師・作家 ● 鎌田 實

大阪府豊中市の住宅街に、「豊中あぐり」という市民農園がある。定年後のシニア男性たち約70人が野菜づくりに挑戦している農園だ。豊中市社会福祉協議会が2年ほど前から行っている事業。

つくった野菜は、朝市に出して市民と交流したり、子ども食堂へ寄付したりしている。酒蔵と協力して、自分たちでつくったサツマイモで焼酎づくりにも挑戦。農園からいろいろなアイデアでおもしろいことが始まっている。

この事業の狙いは、定年後、地域に〝居場所〟をつくり、高齢の男性たちの閉じこもりを防ごうというものだ。野菜づくりをやってみたい、土に触れたいという男性にとっては、魅力的な取り組みだろう。少なくとも、家のなかで、〝粗大ごみ〟扱いされるよりずっといい。

東京医科歯科大学の研究調査によると、65歳以上の人で孤食をしている男性は、だれかと一緒に食事をしている男性よりも、死亡率が1・2倍高いという。さらに、同じ孤食でも家庭内孤食の男性は、1・5倍死亡率が高いという。家族はいるんだけど、一人でごはんを食べるのはさらに寂しさが増すということなのだろう。

孤立したまま放っておくと、うつや認知症、アルコール依存症、脳卒中など、さまざまな病気のリスクも高くなる。男性は、誰かに助けを求めることが苦手な人が多く、周囲が気がついたときには重症化していることもある。「豊中あぐり」のような好きなことをして、体を動かし、やりがいを得られる場づくりは、孤立を防ぐだけではない。生きがいづくりや、ストレスの対処法にもなる。

ストレスは軽く見られがちだが、ときに健康に悪い影響を与える。

国立がん研究センターが40～69歳の男女約10万人を追跡調査した結果、自覚的なストレスレベルが最も高い男性のグループは、最も低い男性のグループに比べて、がんの罹患率が19％も高いという結果が出た。男女合計の場合と比べると、8ポイントも高い。

ストレスがあると交換神経が刺激される。するとリンパ球やナチュラルキラー細胞が減ることがわかっている。わずかだが、当然、がんになる率は多くなると思う。それだけではない。ストレスで交換神経が刺激されると、血管が収縮し、血圧は上がる。脳梗塞や脳血管性の認知症も起こりやすくなる。ストレスが急性心筋梗塞のリスクを上げるというデータもある。

ストレスを受けるとコルチゾールというストレスホルモンが出て、脳の前頭葉に指令を下し、自己抑制をさせにくくさせるといわれている。そのため、ストレスを受けた後は、よりカロリーが高く、不健康な食べ物が食べたくなるというのは、スイスのチューリヒ大学の研究だ。こんな経験は多くの人がしていると思う。ストレスは肥満の元にもなるのだ。

ストレス社会の現代は、職場や地域、家族との人間関係、健康問題、経済的問題、ＩＴ社会など、さまざまなストレスがあふれている。避けられるストレスならばいいが、そうはできないことも多い。

そんなときに大切なのが、ストレスをどう受け止めるか、どう解消するかという工夫だ。好きなことを楽しむことができる人は、ストレスにも強い。

好きなことならどんなことでもいいが、できれば、自分だけではなく、ほかの人のためにもなることをするとやりがいや幸福感が増すように思う。そういう意味では、「豊中あぐり」での取り組みはぴったりだと思った。

今回は、定年後の男性の話だが、孤独やストレスを感じているのはこの世代だけではない。もっと幅い世代の人たちが学校や職場、家庭以外に、思いっきり遊べたり、働けたりする多様な居場所が増えていけばいいなと思う。

地域の「共創」が社会を変えていく

経済思想家●斎藤幸平

豊中あぐりにて

大阪の豊中市社会福祉協議会の取り組みを動画で拝見しました。定年退職した男性たちが参加している、都会の共同農園「豊中あぐり」の話は、見ていてとても面白く、刺激を受けました。団塊世代の、これまで仕事一辺倒で猛烈に働いてきた世代が、定年されて、肩書きも仕事も失ったとき、孤独になりがちであると……。

資本主義は、もともとあったはずの地域を含めたさまざまな共同体を破壊していって、そこに、商品経済社会を作り出していく。それはしがらみもないし、自由で気楽で、かつ何でも手に入るから便利でしょう?とみんなそれを享受してきましたね。もちろん、田舎のそういった共同体的な息苦しさから逃げたくて、都会に出て働いてきた人たちもたくさんいるわけですが、その結果どうなったかというと、私たちは、誰かを頼りたくても、隣人すら頼れないような社会で、必死で働くしかなかったわけですね。

頼る人は家族しかいない。家のローンを払い、子どもたちを大学に行かせるために、趣味もなく週末も働き続けるような生活を送ってきた、そんな人たちが多くいる。これから高齢化が進む社会で、無縁で、孤立した生活をせざるを得ない人たちはこれからもどんどん増えていくでしょう。そんな中で、今のコロナ禍……。もはや、その人が生きているか死んでいるか、気にしてくれる人もいないような……。そんな状況はすでに現実のものになっています。

「創縁」や「共創」が地域の新しい可能性を広げる

だからこそ、豊中市社協のように「農業」という、いわばそれまでの都市型の資本主義社会とは真逆の体験を、地域の人々で共有していこうという試みは、大変面白いですね。農業とは、自然と向き合うことでもあります。これまでの私たちの価値観では、自然というものはあくまでも人間が操る対象に過ぎなかった。そこからいかに効率的に原材料やエネルギーを取り出し、消費するか、という考え方です。

しかし、農業をするということは、その野菜が、今何を求めているのか、水なのか、肥料なのか……そんなことを真剣に考えていかなくてはいけないし、思い通りにも全然ならないでしょう。思い通りにならない自然の中で、自分がどう生かされているのか。そのような体験を通して、今まで考えてもみなかった環境や、食べものについて、見つめ直すことになるのだと思います。

「創縁」も「共創」も、どちらも、今までの価値観を自分で崩して、新しい共同体を創るという意味では、非常に近い考え方だと思いますし、それを、豊中市のような、ある程度の規模がある自治体で行っているということは、まさに、コモニングであり、地域再生の形です。非常に面白いなあと感じましたね。

	12:00	13:00	14:00	15:00	16:00	17:00	
口 る	家庭訪問（ボランティア紹介）	昼休み	住民活動強化のためのアンケート作成	電話相談	徘徊者の捜索対応	19:30 小学校（B 校区）でのケース会議	20:30 認知症徘徊者の捜索対応
	昼休み	CSW 連絡会議	広報物作成			18:30 教育委員会と打ち合わせ	19:30 相談者への対応
護学校で講演	昼休み	資料コピー	C 校区子ども部会へ参加			D 人権まちづくりセンターと寸劇の打ち合わせ	19:30 残務処理
応	昼休み	市職員に対する CSW やボランティアに関する研修					19:30 市が実施する地域福祉調査の打ち合せ
者組織 代）の 動 の ォロー	昼休み	ケース対応　相談・調整 有識者と地域福祉調査に関する打ち合わせ			関係機関へひとり暮らし高齢者に関する調査協力依頼		19:30 残務処理
	ケース調整						
	昼休み	C 校区高齢部会へ参加（ケアマネジャーと相談対応）			住民活動強化のアンケートチェック		21:30 B 校区懇談会
席	相談対応（施設職員と同伴）	昼休み	地域ネットワーク会議開催		校区活動に関するフォーラムの打ち合わせ	民協と打ち合わせ	20:00 校区活動に関するフォーラムの会議

地域福祉ネットワーク会議 → 徘徊高齢者 SOS メール → 講座の案内 記録の整理 → 地域福祉人材養成のための講座 地域研修会（夜間）

- 地域連携について話が進んだ
- 地域で起こったさまざまな課題を共有化
- 行政にとっては住民に情報提供できる場に

ほかにもいろんな仕組みができる

机にはメモがたくさん
地域からの TEL がいっぱい

「地域で見守りをしないと孤独死はなくならない」

CSWのお仕事！

CSWのモットー

- 社会的排除をさせない
- 制度の狭間にいる人を支える
- 地域での問題解決能力を高める
- 地域福祉計画を推進する

CSWの動き

	8:45　9:00　10:00	
（月）	認知症徘徊者の捜索対応	福祉なんて（ボランテ 相談窓口） ケース会議（高次脳機
（火）	相談案件の調整	活動視察への
（水）	移動	家庭訪問（高齢者） ケアマネジャーへ TEL
（木）	連携打ち合せ	活動
（金）	CSW 会議記録作成	（E
（土）	移動	D人権まちづくりセンター 福祉なんでも相談窓口説明
（月）	ケース調整・記録作成 関係機関依頼	
（火）	CSW 会議	B 校区

ある日の動き

福祉なんでも相談窓口
バックアップ

家庭訪問

ゴミ屋敷が近所にあるんですが…
ゴミが片づけられないんじゃよ
地域の相談員

地域での SOS を聞く

相談員とともに相談者の支援を考える
住民だから発見できるニーズに感謝

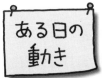

携

の連携

公民協働の支援のネットワーク

地域福祉ネットワーク会議

地域の連携づくり

組織化

ライフセーフティネット総合調整会議

解決できるしくみを創り出す

プロジェクトの開発

校区での見守り
個別援助

公 民 協 働

- 悪質リフォーム対策会議
- 徘徊 SOS メールプロジェクト
- ゴミ処理プロジェクト
- 高次脳機能障害者の家族会
- 若い介護者の交流会
- 男性介護者交流会
- 次世代人材養成プロジェクト
- 広汎性発達障害者の家族交流会
- ケアマネジャーと地域福祉活動のガイドライン作成…etc

地域と施設との連携

- 施設と地域の連携のお手伝い
- 校区内の子育て支援機関マップづくり
- 校区サロン活動に施設の人が参加
- 校区と施設が共催で学習会
- 施設行事に地域の人の参加呼びかけ
- 校区行事に施設利用者の作品展示など

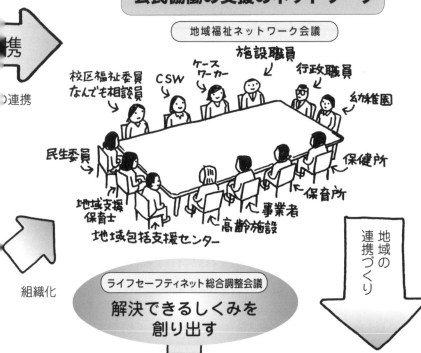

制度の狭間の課題に対応

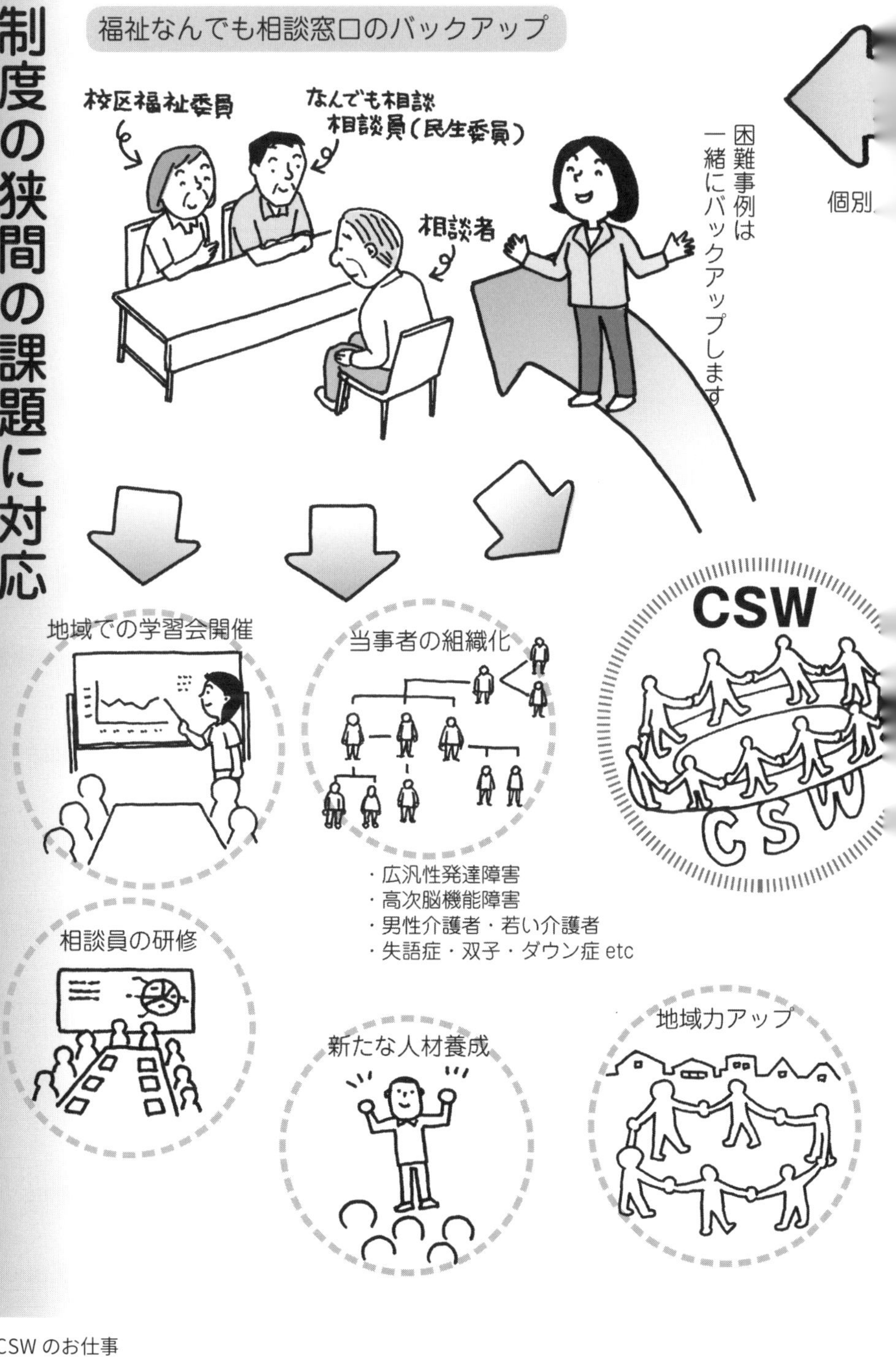

2023年3月

生活支援コーディネーターニュース

第1層（豊中市域）
第2層（日常生活圏域）
第3層（小学校区）

～ささえあいの地域づくりを目指して～

発行　社会福祉法人 豊中市社会福祉協議会 地域支援課
〒560−0023 豊中市岡上の町 2−1−15　豊中市すこやかプラザ内　☎ 06-6848-1279

高齢者の困りごとを安心サポーターが応援します

ちょっとした困りごとがあるときは・・・

福祉便利屋事業

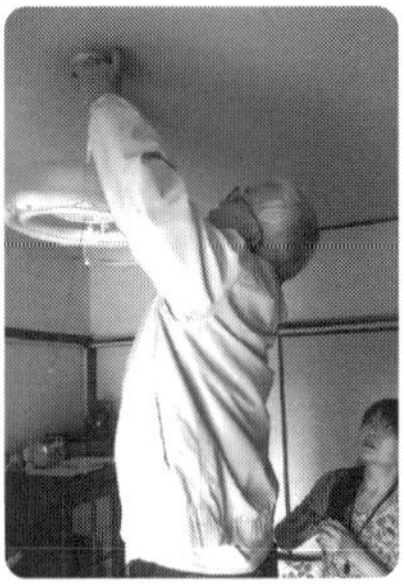

便利屋
電球取り替え

高齢者のちょっとした困りごとに
対応するサービス

利用料200円/15分
年会費300円（市社協で対応する場合のみ）

メニュー限定：買い物同行・話し相手・家具の移動・電球交換・ゴミ出し・分別・重いものの移動・大型ごみの搬出・簡単な日曜大工・携帯電話操作・簡単な針仕事・草むしり・荷物の入れ替え・見守り・安否確認

便利屋
家具の移動

※介護保険など公的サービスが利用できる場合は、そのサービスが優先になります。

下記の校区では校区福祉委員会で福祉便利屋事業を受付しています
大池・刀根山・上野・少路・北緑丘・東豊台・東丘・北丘・東泉丘・南桜塚・泉丘・寺内・高川・原田・豊島西・豊島・島田・野田
～上記校区以外にお住まいの方は市社協で対応します～

ご依頼大募集中!

簡単な針仕事は「福祉お針箱」へ

ズボンの裾上げやボタン付けなどを裁縫の得意なお針箱サポーターが対応します

1作業400円～
金額は依頼により異なります

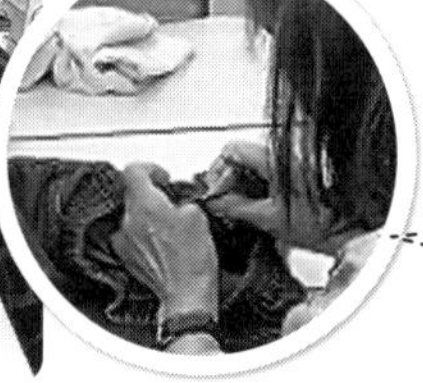

地域福祉活動支援センターでお針箱サポーターが活動中です!

お問い合わせは市社協地域支援係 ☎06-6848-1279

ぐんぐん元気塾

コロナに負けるな!フレイル0《ゼロ》作戦!

★身近な場所でみんなで体操をしませんか? ～ぐんぐん元気塾～

	主催	活動日	活動時間帯	活動場所
1	大池地区社会福祉協議会	毎週月	10:00～12:00	本町会館
2	刀根山校区福祉委員会	毎週水	14:30～16:00	刀根山小学校多目的教室
3	桜井谷地区社会福祉協議会	毎週木	10:00～11:00	桜井谷会館
4	蛍池校区福祉協議会	毎週木	10:00～11:00	蛍池老人憩の家
5	箕輪校区福祉委員会	第1～4土	13:30～14:30	箕輪小学校多目的室
6	野畑校区福祉委員会	第1～4月	13:00～14:30	向丘住宅集会所
7	上野地区社会福祉協議会	毎週木	10:15～12:00	堀田会館
8	少路校区福祉委員会	毎週金	13:30～14:30	緑丘会館
9	北緑丘校区福祉委員会	第1土・第2～5金	10:00～12:00	北緑丘団地22号棟集会室
10	東豊中校区社会福祉委員会	毎週金	9:30～10:30	東豊中第2団地集会所大洋室
11	東豊台校区福祉委員会	毎週木	10:00～12:00	シャレール東豊中集会所
12	上新田地区社会福祉協議会	第1～4金	13:00～14:00	竹林会館
13	西丘校区社会福祉協議会	第1～4木	10:00～11:00	西丘コミュニティセンター集会室
14	南丘校区福祉委員会	第1木・第3木	13:30～14:30	豊千南会館集会室
		第2木・第4木	10:00～11:00	
15	北丘校区福祉委員会	毎週水	13:00～14:00	北町会館2階
16	東泉丘校区福祉委員会	毎週木	10:00～11:00	永寿園とよなか
17	桜塚校区福祉委員会	毎週水	10:00～11:00	くらしかん
18	南桜塚校区福祉委員会	毎週木	10:00～11:30	南桜塚会館
19	克明校区社会福祉協議会	毎週水	10:20～11:50	人権平和センター老人憩の家
20	熊野田校区福祉委員会	毎週火	14:00～15:00	おひさまっこ保育園
21	泉丘校区福祉委員会	毎週水	10:00～11:00	アルビス旭丘中央集会所
22	緑地校区福祉委員会	毎月第1・2・4水、20日	10:00～11:00	長興寺会館　集会室
23	北条校区福祉委員会	毎週木	10:00～12:00	北条西会館
		毎週水	13:30～14:00	若竹中自治会館
24	小曽根校区福祉委員会	毎週火	9:30～10:30	南郷の家
		毎週火	10:30～11:30	
25	寺内校区福祉委員会	毎週水	10:00～10:30	寺内会館　和室
26	豊南校区福祉委員会	第1・3火・第4水	10:30～11:30	豊南老人憩の家
		第1・3火・第4水	10:30～11:30	豊南会館
27	高川校区福祉委員会	毎週水	10:00～11:00	高川センター
		毎週金（第3除く）	10:00～11:00	高川会館
28	原田校区福祉委員会	毎週木	13:30～14:30	大塚会館
29	中豊島福祉推進協議会	毎週月	10:00～11:30	服部地域福祉活動支援センター
30	豊島北福祉委員会	毎週月・水	10:30～11:30	豊島北老人憩の家
31	豊島西校区福祉委員会	毎週木	13:00～15:00	上津島センター2階集会室
32	豊島校区福祉委員会	毎週水	10:00～11:40	服部南センター
33	島田校区福祉委員会	毎週木	13:00～13:30	島田センター 3階
34	野田校区福祉委員会	毎週火	10:30～11:30	市営野田第2住宅集会所
		毎週木	10:00～11:00	庄内東センター
35	庄内西校区社会福祉協議会	毎週火・金	10:30～11:30	庄本複合施設2F
36	庄内南校区社会福祉協議会	第1～4月	13:30～14:30	島江大黒会館

週1回、下肢筋力を維持する「とよなかパワーアップ体操」などを実施しています。

【問合せ】地域支援係 ☎06-6848-1279

❷

あなたの力《ちから》・技《わざ》・思い《おもい》地域で生かしてみませんか?

★ボランティア活動してみませんか?

・とよなか地域ささえあいポイント事業

65歳以上の方が福祉施設や地域でのボランティア活動を行うことでポイントが貯まり、活動支援金として交換できます。まずは説明会にお越しください!

日　時：第1月･第4火10時～12時
場　所：豊中市すこやかプラザ2階 会議室

【問合せ】ボランティアセンター ☎06-6848-1000

・校区福祉委員会活動

市社協では小学校区単位に校区福祉委員会を組織化し、身近な地域での助け合い活動を進めています。各校区福祉委員会では、地域の実情に合わせてさまざまな活動を展開しています。

- ふれあいサロン　・子育てサロン
- 一人暮らし高齢者への配食
- こども食堂 など

【問合せ】地域支援係 ☎06-6848-1279

★特技を活かして活動したい方は?

介護予防お助けバンクにご登録ください

地域の高齢者対象の介護予防講座で、体操、ヨガ、アロマテラピーなどみなさんの特技を活かしてみませんか?

【問合せ】地域支援係 ☎06-6848-1279

できるときに できることを みんなで少しずつ

★時間はあるので何かの役に立ちたいという方は…?

・安心サポーターになりませんか

所定の1日研修を受講すれば、安心サポーターとして市社協のくらしささえあい事業の担い手として活動にご参加いただけます。15分200円で高齢者のちょっとした困りごとのサポートや、産前産後の家事援助などの活動があります。地域福祉活動支援センターで毎月研修を実施しています。(裏面参照)

★裁縫が得意な方は…

・お針箱サポーターになりませんか?

高齢者からのズボンの裾上げやボタン付けなどの簡単な針仕事を請け負っています。上記のサポーター研修を受講後、活動に参加できます。月1回、地域福祉活動支援センターで活動しています。(裏面参照)

★男性で農業に興味のある方は…?

豊中あぐりに参加しませんか

アクティブシニアの養成を目的に、農業を通じた介護予防の活動として、現在8か所の畑の運営をしています。また、年2回、「豊中あぐり塾」と題して、野菜作りと地域福祉について学ぶ講座を開催しています。

【問合せ】地域支援係 ☎06-6848-1279

★手芸やモノづくりが得意な方は?

道端の駅に出品しませんか

高齢者の手作り品を市社協が運営する「びーの×マルシェ」にて、「とよなか道端の駅」として販売しています。

根付や小物入れ、切り絵など丹精込めて作った商品が集まっています。

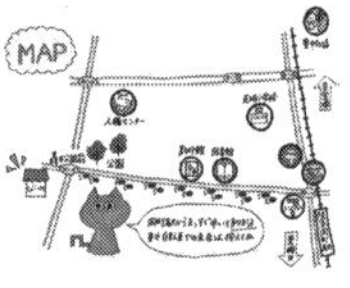

- びーの×マルシェ
  豊中市宝山町6-5
  営業日時:月～金曜日
  10:00～15:00

【問合せ】地域支援係 ☎06-6848-1279

★ちょっと仕事ができたらなぁ…という方は?

内職広場に参加しませんか

市内2カ所で内職広場を実施しています。おしゃべりしながら和気あいあいと活動しています。

【問合せ】地域支援係 ☎06-6848-1279

★昔のお話しを語りたい方は?…

豊中ヒストリアにご協力ください

戦争体験や昔の暮らしのお話しを「豊中ヒストリア」としてDVDにまとめて学校での福祉教育の教材として活用したり、YouTubeで放映しています。

【問合せ】地域支援係
☎06-6848-1279

豊中社協TV
QRコード→

★認知症の方や介護中の家族が参加できるところは?

おれんじカフェに参加しませんか

生活圏域ごとに地域包括支援センターと生活支援コーディネーターが協働で認知症当事者や介護者家族が参加できるカフェを開催しています。

【問合せ】地域支援係 ☎06-6848-1279

豊中のボランティア
イメージキャラクター「ボランちゃん」

地域福祉活動支援センターの取り組み

3·4月に介護予防お助け隊登録者を講師に迎えて講座を開催します。

安心サポーター養成研修　福祉お針箱　センター講座予定

蛍池地域福祉活動支援センター

豊中市螢池中町2-3-1
ルシオーレ南館1階
TEL&FAX 06-6850-7001

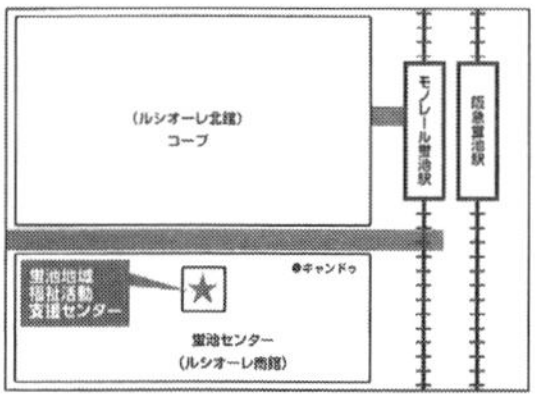

安心サポーター養成研修
第2火 13:00～15:00

福祉お針箱
第1·4火 13:00～15:00

センター講座予定
4月開催予定
アロマテラピーについて

東豊中地域福祉活動支援センター

豊中市東豊中町5-3-1
東豊中老人憩の家4階
TEL 06-6850-8038

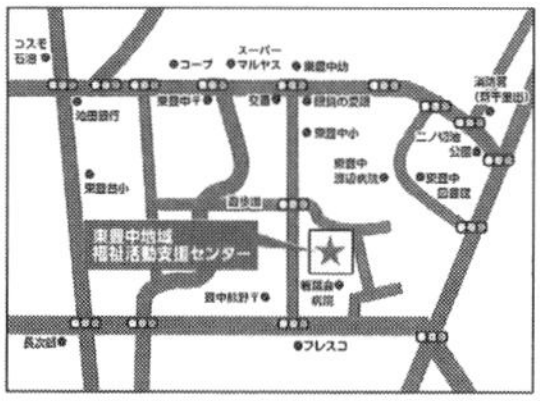

安心サポーター養成研修
第3木 13:00～15:00

福祉お針箱
第2木 13:00～15:00

センター講座予定
3/23(木)13:00～14:00
栄養面から考える生活習慣病予防について

北丘地域福祉活動支援センター

豊中市新千里北町3-1-2-1
セブンイレブン豊中新千里北町店2階
TEL&FAX 06-6835-2110

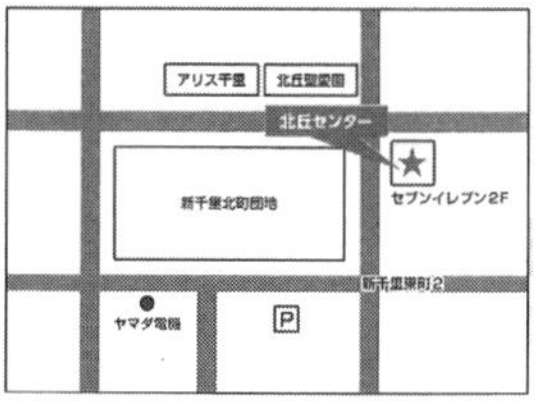

安心サポーター養成研修
第1火 10:00～12:00

福祉お針箱
第3火 10:00～12:00

センター講座予定
4/14(金)13:30～15:00
折り紙で春の花飾りづくり

高川地域福祉活動支援センター

豊中市豊南町東1-1-2
高川介護予防センター3階
TEL 06-6335-1560

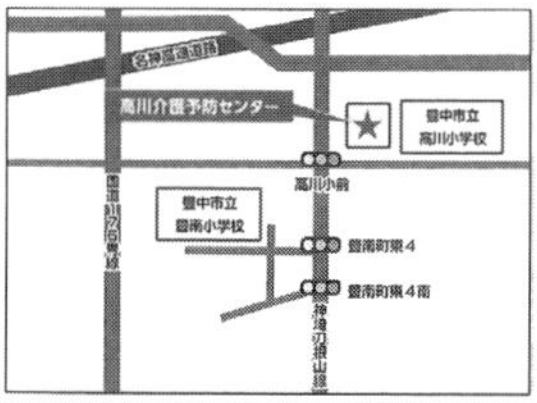

安心サポーター養成研修
第2月 13:00～14:00

福祉お針箱
第4月 13:00～15:00(準備中)

センター講座予定
3/29(水)13:00～15:00
福祉落語を楽しもう

服部地域福祉活動支援センター

豊中市服部本町5-2-8
服部介護予防センター2階
TEL 06-4866-1183

安心サポーター養成研修
第4木 10:00～12:00

福祉お針箱
第3木 10:00～12:00

センター講座予定
3/22(水)14:00～15:30
太極拳を体験しよう

庄本地域福祉活動支援センター

豊中市庄本町3-1-15
庄本複合施設1階
TEL 06-6335-2590

安心サポーター養成研修
第1金 13:00～15:00

福祉お針箱
第3金 13:00～15:00(準備中)

センター講座予定
4/12(水)13:30～14:30
春の寄せ植え教室

【申込·問合せ】地域支援係 ☎06-6848-1279 ★R5.3.1 現在の情報です。感染状況等により変更になる場合があります。

4

◎社会福祉法人 豊中市社会福祉協議会

〒560-0023　大阪府豊中市岡上の町 2-1-15 豊中市すこやかプラザ 2F
TEL 06-6848-1279
http://www.toyonaka-shakyo.or.jp

◎マンガ：すみっこ

びーのびーのメンバー。豊中市で生まれ育った内弁慶。20 代までマンガ家をめざすも芽が出ず。30 代は仕事先の人間関係につまずいてひきこもり。現在、仕事に就くかたわらマンガ、イラストを描いている。

◎文：勝部麗子（豊中市社会福祉協議会）

※この書籍の収益は全額ひきこもりの若者の支援に活用されます。

セーフティネット
コミュニティソーシャルワーカー（CSW）の現場 6
豊中あぐり誕生～定年後 すべての人に居場所と役割を～

発行日　2023 年 6 月 15 日　初版第 1 刷
原作・文　豊中市社会福祉協議会
マンガ　すみっこ
豊中びーのびーのプロジェクト
発　行　ブリコラージュ
〒 171-0021　東京都豊島区西池袋 5 丁目 26-15　久保田ビル 2F 七七舍
TEL 03-5986-1777　FAX 03-5986-1776
e-mail：brico@nanasha.co.jp
http://www.nanasha.net
発　売　全国コミュニティライフサポートセンター（CLC）
〒 981-0932　宮城県仙台市青葉区木町 16 番 30 号シンエイ木町ビル 1F
TEL 022-727-8730　FAX 022-727-8737
http://www.clc-japan.com/

印刷：シナノ印刷株式会社
ISBN：978-4-907946-44-9